Suite de la

CONVERSATION

Entre deux

ANGLOIS.

Vous m'aviés presque Convaincu, *Monfieur*, du tort inexcufable de nos *Miniftres*; mais aprés y avoir bien réfléchi je trouve que c'eft vous qui les Condamnés mal a propos. Que vouliés vous qu'ils fiffent? Vous fcavés qu'il ne tint pas a nous que le transport de l'Armée *Espagnole* en *Italie* ne fe fit l'année derniere. Nous offrions nos Vaiffeaux, nôtre Escadre étoit prête, nous avions determiné les *Hollandois* a fuivre nôtre exemple, leurs Vaiffeaux étoient en etat de faire voile avec les nôtres, nous dévions embarquer des Troupes Nationales pour les joindre a l'Armée *Espagnole* & descendre avec elle dans l'endroit de l'*Italie* dont l'attaque auroit parû la plus facile, les *Hollandois* en fourniffoient de leur côté, *la France* feule fit echoüer ce projet en disputant fur une proportion dont elle vouloit que les *Alliés* convinssent d'avance & qui réglat le contingent que chacun devroit fournir pour une *guerre générale*; l'on perdit la faifon d'agir en vaines Conteftations fur cette proportion et l'on donna le tems *a l'Empereur* de fe mettre en telle pofture en *Italie* par

A   le

le grand nombre des Troupes qu'il y fit descendre, qu'il eut
en ſuite été bien dangereux d'aborder pour aller l'y attaquer.
A qui doit on ſ'en prendre ſinon *a la France ?* Cependant
l'*Espagne* qui ſe voyoit trompée ſe fâchoit avec raiſon; Nous
étions menacés de la d'eclaration que *le Marquis de Caſtelar*
a faite depuis; il y alloit de l'aneantiſſement *des Privileges* &
des Conceſſions qui ſont la principale ſource de nôtre Commerce; n'êtoit il pas tems de ſortir d'une incertitude qui du-
roit depuis ſi long tems, ou valoit il mieux ſ'engager dans
une *guerre générale,* comme le vouloit la *France ?* C'êtoit a
cela qu'elle cherchoit de nous conduire; mais êtoit ce nôtre
Compte ? êtoit ce celui *des Hollandois* de laiſſer allumer la
guerre dans leur Voiſinage, & les déclarations que *la France*
faiſoit rèiterer par ſes *Miniſtres* de ne vouloir rien garder pour
elle de ce que nos armes communes prendroient, êtoient elles des *garants* bien ſûrs de ce déſintéreſſement qu'elle affec-
toit ? Reſtoit il donc autre choſe a faire que de nous retour-
ner, comme nous l'avons fait, vers la cour *de Vienne ?* ſi le
ſuccès a paſſé les Espérances, ſi ſans tirer l'épée nous avons
Negocié aſſés habilement pour obtenir *de l'Empereur* le changement pour les garniſons, *des Suiſſes* en *Espagnols,* (choſe
que la cour *de Vienne* avoit toujours dit qu'elle n'accorderoit
jamais) Si nous avons obtenu l'abolition de la *Compagnie d'O-
ſtende* ſans Equivalent, Vne déclaration pour finir les trou-
bles en *Oſtfriſe,* Vne abondante ſatisfaction ſur les avantages
particuliers procurés a nôtre *Roy en baſſe Allemagne,* En fin
de quoi nous tirer d'affaire avec *l'Espagne* en demeurant avec
les *Hollandois* unis a *l'Empereur,* Pouvons nous donner trop
d'éloges a l'habileté de nos *Miniſtres* & ne leur devés vous
pas une réparation de tous les reproches dont vous les avés
chargés dans nôtre derniere Converſation ?

Vous êtes revenu, *Monſieur,* garni de bien des Arguments. Je
pourrois les réfuter dans le même ordre ou vous venés de les dedui-
re; mais répondés moi pluſtôt a quelques queſtions que je dois vous
faire.

faire. Si *la France* avoit cherché, comme vous le fuppofés, a nous engager dans une *guerre générale* en vûe de n'être pas fi défintéreffée dans la pratique qu'elle profeffoit de l'être, Pouvoit elle en avoir une plus belle occafion qu'en 1727. avant la fignature des Prélimi-naires ? d'un côté nôtre cour & celle *de Vienne* ne gardoient plus de mefures entr'elles. *l' Aigreur* & les Procédes étoient pouffés de part & d'autre aux dernieres extrémités. Du côté *de l' Espagne* les chofes nêtoient par moins Aigries. Nous n'avions pas même at-tendu que la rupture fut ouverte pour nous rendre, fans la partici-pation de nos alliés, *les Aggreffeurs en Amérique* par l'escadre qui tint fi long tems *Porto Bello* bloquè, & l'on fcait ce qui feroit arrivé fi une autre Escadre que nous envoyames fur les côtes *d' Espagne* eût rencontré la Flotille qui lui échappa. C'eft ainfi que nous couri-ons a une *guerre générale* que nous avons tant craint depuis, & Con-tre qui ? Contre *l' Empereur* & *l' Espagne* a la fois, & dans un tems ou *l' Empereur* par fon union avec *l' Espagne* n'avoit point a craindre de diverfion en *Italie* de la part de cette couronne & pouvoit par conféquent porter toutes fes forces ailleurs. Nous Entrâinions dans cette guerre *la Hollande* qui d'ailleurs y étoit animée par le préjudi-ce qu'elle fouffroit de l'établiffement *de la Compagnie d'Oftende.* *La France* n'avoit qu'a laiffer aller les chofes leur cours naturel; la rup-ture êtoit infaillible & nous lui aurions fçugré alors avec *les Hollan-dois* de tout ce qu'elle auroit entrepris contre *l'empereur!* Cepen-dant ce fut elle qui par fa conduite affés ferme pour intimider la cour *de Vienne* & affés mefurée pour ne la pas cabrer, conferva la paix & détourna la guerre prête a embrafer *l' Europe* dans un tems ou cette *Couronne* êtoit presque feule en fituation d'en profiter. Cette Époque, *Monfieur,* eft bien confidérable en faveur des intentions de *la France;* fon *miniftére* ná pas changé depuis. Le Sage *Cardi-nal,* qui travailla alors fi efficacement & avec dès vûes fi pures pour la tranquillité *de l' Europe,* eft de même a la tête des affaires. Quel-le raifon avons nous éu après cela de douter de la fincérité des dé-clarations réitérées d'un défintéreffement dont nous avions déja fait l'expérience ? Mais ce n'eft pas tout; A qui nôtre *Roy* dût il, fi non a *la France,* la confervation de fes états en *baffe Allemagne,* lors

A 2 que

que *la Guerre* fut ſur le point, il y a deux ans, de ſ'allumer entre lui & le *Roy de Pruſſe?* *Les Troupes Hanoveriennes* n'êtoient certainément pas en état de faire tête aux forces *du Roy de Pruſſe*; l'invaſion êtoit certaine & nôtre *Roy* alloit être dépouillé de ſes états héréditaires. Quelle plus belle occaſion pour *la France*, ſi elle eut cherché a engager une *Guerre générale* pour en faire ſon profit? de qu'elle néceſſité ne devenoit pas alors ſon appui pour recouvrer ce qu'on auroit perdu, & de quelles Complaiſances ſur ce qui l'auroit accommodée, n'auroit elle pas pu le faire acheter a nôtre cour? Cependant elle préféra encore une fois d'étouffer *la Guerre* déja preſque allumée *en Baſſe Allemagne*, et vous ſcavés tout ce qu'elle fit pour contenir *le Roy de Pruſſe.*

Il eſt vrai, *Monſieur*, que *la France* aprés avoir été fidéle pour nous & déſintéreſſée en 1727. l'a été encore en 1729; mais êtoit ce une ſureté qu'elle auroit continué a l'être, ſi une fois *la Guerre générale* eut été engagée & que nous l'euſſions miſe par la a même de ſémparer des places a ſa bienſéance? Croyés vous que les *Hollandois* euſſent été bien ſages de ſ'y fier?

Que falloit il donc, *Monſieur*, que cette *Couronne* fit pour vous perſuader de ſon déſintéreſſement & pour fixer nôtre Confiance?

Elle ne pouvoit rien faire de plus; Mais nous ne devions pas pour cela nous y fier d'avantage. Le plus ſûr êtoit de faire comme nous avons fait. *La cour de Vienne* Voyoit l'orage qui la menaçoit. C'étoit le tems d'en tout obtenir, quand elle nous Verroit diſpoſés a nous détacher pour renoüer avec elle. Vouliés vous que nous perdiſſions cette conjonĉture heureuſe?

Fort bien, *Monſieur*: Vous developpés la de belles Maximes de nôtre *Politique*; Mais repondés moi encore a une queſtion. Y avoit
il

il quelque *Article du traité de Seville* ou il fût dit que lorsque *la Guerre* ſeroit entamée en *Italie* , *la France* Ne pourroit pas attaquer les états *de l' Empereur* ailleurs ?

    On n'avoit eu garde de rien ſtipuler de ſemblable. Qu'auroit dit *l' Espagne* ? C'eut été un beau moyen de la détacher de *l' Empereur* & de lui perſuader qu'on vouloit ſérieuſement effectuer l' établiſſement *de Don Carlos* & l'introduction des garniſons *Espagnoles* , que de déclarer que par tout ailleurs qu'en *Italie* ou on ne pouvoit aller que par Mer , *l' Empereur* N'auroit rien a craindre des alliés. Un Pareil article eut été ridicule.

Nous voilà d'accord , *Monſieur* ; mais puisque cela eut été ridicule a ſtipuler, l'étoit il moins d'en faire nôtre Plan? Ce n'eſt pas tout; Vous convenés qu'on ne ſ'étoit point lié les mains par le traité *de Seville* ſur l'attaque des états *de l' Empereur* par tout ailleurs, qu'en *Italie*. En même tems donc que la *Guerre* ſe ſeroit entamée de ce côté là, *la France* pouvoit la commencer ſur le *Rhin* & dans le *Païs Bas*. Elle n'avoit pas beſoin de nôtre permiſſion pour cela ; il lui ſuffiſoit que *l' Empereur* fut devenu l'ennemi commun; Ni nous ni les *Hollandois* ne pouvions nous plaindre en la voyant uſer du droit Naturel *de la Guerre* pour attaquer l'Ennemi par tout ou elle le pouvoit faire avec avantage. Que devenoit alors Cependant le Projet de vouloir bien faire *la guerre en Italie* , mais de l'éloigner des autres Païs ou il ne convenoit (diſons nous) ni aux *Hollandois* ni a nous de la laiſſer allumer ? N'étoit ce pas courir a ce que nous voulions éviter que de preſſer, Comme nous le faiſions, la Rupture en *Italie* ? Les *Hollandois* qui a nôtre ſollicitation avoient, il y a deux ans, envoyé une escadre ſur nos côtes pour ſe mettre a la ſuite de nos vaiſſeaux dont nous menaçions alors l'espagne, furent ils mieux conſeillès de paroitre ſi disposès en cette nouvelle occaſion d'aller encore avec nous plus vite que *la France*? Si cette Couronne avoit cherché a en venir aux mains d'une façon profitable pour elle, nous lui en fourniſſions l'occaſion. Elle n'avoit qu'a nous laiſſer précipiter la Rupture *en Italie*, comme nous faiſions mine de le vouloir; Rien ne

A 3   l'aul'auroit empêchée (nous l'avons vû) de fe jetter en même tems dans le *Pais Bas* & le long du *Rhin* fur les places de *l'Empereur.*

Tout ce que vous venés de diré, *Monfieur*, fuppofe une *Guerre férieufe en Italie*. C'eft bien de cela dont il f'agiffoit ! La facilité que nous avons trouvé pour conclure avec la cour *de Vienne*, défque nous nous fommes livrés a elle, montre affés ce qui feroit arrivé a plus forte raifon, lorfqu'elle auroit vû que C'étoit tout de bon que *l'Italie* étoit menacée. Cette cour étoit trop fage pour ne pas prévoir les fuites de cette *guerre* & pour ne les pas prévenir. Toute la différence auroit été qu'au lieu que nous avons dû faire les premiers pas avec elle, elle les auroit fait avec nous. Voilà ce que nous avons perdu par l'obftacle que mirent a nôtre Projèt les Conteftations de *la France* fur le plan de proportion.

Mais, *Monfieur*, croyés vous que *la France* ne nous aïe pas connus & que penfants comme vous nous faites penfer, elle ne fén foit pas doutée ? Avoit elle donc tort de ne vouloir point engager *la guerre en Italie*, avant que de f'être affûrée du fonds qu'elle pouvoit faire fur les deux *Puiffances Maritimes* ? n'étoit il pas même de l'interêt bien entendu *de l'Efpagne* qu'elle en ufât ainfi ? N'étoit ce pas expofer cette *couronne* a un Echec prefque certain & dont elle ne fe feroit peutêtre jamais relevée, que de la pouffer a faire d'ebarquer une *Armée en Italie*, avant que les *Alliés* fuffent d'accord fur un plan de diverfion; qui mit *l'Empereur* hors d'état de l'accabler par la fupériorité des forces qu'il pouvoit raffembler en ce *Pais là* ? En qu'elle fituation fe feroit trouvée *l'Efpagne* par la perte *de l'armée* qu'elle auroit ainfi prématurément hazardée, & que devenoient alors fes Efpérances pour l'établiffement *de Don Carlos* ? Dailleurs y avoit il rien de plus jufte que ce que demandoit *la France* ? N'avoit il pas été expreffément ftipulé dans le *traité de Seville* qu'en cas d'oppofition a l'introduction des *garnifons Efpagnoles*, les Parties contractantes joindroient leurs forces pour faire conjointement *la Guerre* & ne poferoient point les *Armes*, que tout ce qui étoit promis

a

a *l'Espagne* ne fut entiérement éxécuté ? Et la précaution priſe par
les *Hollandois* de ſtipuler pour eux en particulier que dans ce cas ou
l'on ſeroit obligé dén venir a une *guerre*, ils ne ſeroient pas tenus de
fournir plus de trois mille hommes pour celle qui ſe feroit *en Italie*,
ne montre t'elle pas que c'étoit d'une *guerre* de diverſion qu'il ſ'agiſſoit ?
Qu'a donc pû penſer *l'espagne* de nous, qui avions été de ſi ardents
Promoteurs *du traité de Seville*, lors qu'elle nous a vu reculer d'es-
que l'on parſoît de ne ſe pas borner a attaquer *l'empereur* dans ſes
états *d'Italie*, c'eſt a dire de l'attaquer ailleurs encore que dans *le
Païs* ou nous étions hors de portée de faire *la Guerre*; & ou *la France & l'espagne* ſe ſeroient bientôt vües ſeules a la ſoutenir ? quá dû
conclure cette derniere *Couronne*, quand elle ſ'eſt apperçüe que
l'émbarras, ou nous mettoient les inſtances qu'on nous faiſoit de
convenir d'un *Plan de guerre* ſérieuſe contre *l'empereur*, nous avoit
deja fait courir *a Vienne* pour nous tirer d'affaire par une Négociation particuliere ? n'a t'elle pas été en droit alors de ſ'expliquer comme elle la fait par la déclaration *du Marquis de Caſtelar* ? Ne nous
ſommes nous pas attirés cette déclaration & toutes ſes ſuites ? &
nôtre conduite, na télle pas donné lieu *a la France* de faire toucher
au doigt *a l'espagne* le peu de fonds qu'elle pouvoit faire ſur nous ?

Que Voulés vous conclure, *Monſieur*, de tous ces raiſonne-
ments ? Valoit il donc mieux a vôtre avis en venir a une *guerre générale* & devoir ſeulement a la force *des Armes* les mé-
mes choſes que nous pouvions obtenir a l'amiable par une
négociation, particuliere a la vérité ? N'eut ice pas été un
ſcrupule bien placé que de n'oſer en pareil cas paſſer par deſ-
ſus l'engagement pris dans *le traité d'Hanover*, de rentrer
dans aucune *Négociation ou traité* que de Concert ? Ne ſçait
on pas que ces ſortes de ſtipulations ſont de ſtile & n'obligent
pas pour les cas de néceſſité ? Ou eſt aprés tout l'infidelité
de nôtre part ? Nous avons obtenu pour *l'espagne* tout ce
qu'elle demandoit, c'eſt adire, le conſentement *de l'empereur*
au changement des *ſuiſſes* en *Espagnols* & a leur introduction
effective; nôtre *Roy* ne pouvoit rien deſirer ſur ſes intérêts

en *Baſſe Allemagne* au delà des avantages que nous lui avons
procurés : Rien de ce côté là n'a été oublié. A la vérité les
Hollandois paroiſſent deſirer quelque choſe de mieux
que ce que nous avons ſtipulé pour eux; mais auſſi ils ſont
trop difficiles & après s'être bien fait tirer l'oreille il faudra
bien qu'ils y viennent. Nous avons de bons Garants chés
eux. Pour *la france*, nous la traiterons comme les belles
femmes qu'on laiſſe Bouder pour un tems & que l'on rama-
douë enſuite par de petites complaiſances. Tout ſe trou-
vera ajuſté & il n'en aura coûté pour tout cela que de Ga-
rantir *a l'empereur* ſa Pragmatique. Pouvoit on jamais faire
un meilleur marché ?

Il eſt trop bon, *Monſieur*, & c'eſt là où je vous attendois ; à force
d'être bon il ne vaut rien. En effet qu'el eſt l'Equivalent pour *l'empereur* de tous les avantages accordés a nôtre *Roy* comme Electeur
d'Hanover & qu'il pouvoit faire acheter, de l'abolition de la *Compagnie d'Oſtende*, de ce que l'on veut que *la cour de Vienne* ajoute
encore par raport au Tarif, de ce qu'elle fait en faveur de la *Répu-
blique de Hollande* touchant *l'Oſtfriſe*, enfin du conſentement a l'introduction effective *des eſpagnols en Italie* ? La Garantie, me dirès
vous, de la Pragmatique qui aſſure la ſucceſſion de *l'empereur*. Voilà l'Equivalent pour lui qui la dèteſminè. Mais, *Monſieur*, de
Grace dites moi, qu'elles ſont les Puiſſances que la cour *de Vienne*
auroit véritablement a craindre dans le cas où la ſucceſſion de *l'empereur* viendroit à être ouverte ? Seroit ce nous ou les Hollandois ?
j'entends que vous me repondès qu'indépendamment de nôtre Garantie, nôtre ſeul intérêt ne nous permettroit pas de voir tranquil-
lement la ſucceſſion de *l'empereur* ſe dèmembrer, & qu'il n'y a rien
qui nous Convienne d'avantage que le maintien d'une *Puiſſance* en
état de faire dans l'*Europe* l'Equilibre de celles de la *france & de l'eſpagne* rèünies dans une même maiſon. Mais, *Monſieur*, pour tant
de choſes arrachées a la cour de *Vienne* nous ne lui avons donc rien
donnè de rèel au delà de ce dont elle étoit dèja bien ſure. Ce n'eſt
                                                                     pas

pas tout : fuivés moi, je vous prie. Croyés vous que *l'Empereur*, après avoir vu par lui même nôtre Pufillanimité fur l'éxécution du traté de *Seville*, nous régarde comme des Garants bien furs pour le maintien de l'ordre établi dans fa fucceffion? Sera ce nôtre fidélité pour une religieufe obfervation de nos traités qui le raffurera? Sa confiance fera t'elle bien entiére en nous voyant traiter de claufes de ftile les ftipulations les plus folemnelles & les plus fondamentales de nos alliances? Ne craindra t'il point que quelque interêt *de Miniftére* ne puiffe nous faire Varier, non feulement fur nos engagements, mais fur nos maximes, nous qui croyons pouvoir en changer comme nous changeons de parti en *Angleterre*? enfin après avoir reconnu nôtre répugnance pour une *guerre générale* & nos terreurs de ce côté la, comptera t'il beaucoup fur nous, s'il f'agiffoit de fópofer au démembrement de fa fucceffion, par exemple en *Italie*? Vous voyés donc, *Monfieur*, a quoi fe réduit pour *l'Empereur* & pour fa Pragmatique le mérite de nôtre Garantie. Cependant cette cour eft elle accoutumée a faire tant de facrifices reels & préfents pour un morceau de papier fur un cas avenir & qui dans le fonds ne lui donne rien qu'elle n'eut déja & n'ajoute rien de réel a fa fûreté? Cette Réfléxion n'avoit elle pas de de quoi nous faire aller Bride en main fur ce marché fi bon en apparence?

Quelle Vûe voulés vous donc, *Monfieur*, qu'aie eû *l'Empereur* & quelle eft l'idée que vous vous faites des affaires générales?

La Voicy: *La cour de vienne*, la *France* & *l'Espagne* ne f'entendent point fous main, comme nous avons paru le craindre plus d'une fois; mais chacune de ces trois *Puiffances* fe conduit aujourdhui fuivant fes veritables interêts & par des maximes d'une fçavants *Politique*; nous au contraire nous conduifons fort mal.

l'Espagne a fait ce qu'elle devoit; elle a pris avec nous tous fes avantages. Elle a d'abord anéanti d'un feul coup de plume par la déclaration du *Marquis de Caftelar* tout ce qu'une fuite *de Traités* depuis plus de foixante ans avoient accumulé de conceffions & *de Pri-*

vileges en faveur de nôtre Commerce, & elle s'est servie pour cela de la juste occasion que lui en a fourni nôtre conduite. Ensuite elle nous a fait signer dans la déclaration du 6. Juin dernier nôtre propre condamnation tant pour le passé que pour l'avenir. C'est seulement après que les *Espagnols* seront introduits dans les Places fortes de *Toscane* & que *Don Carlos* sera établi *possesseur des états de Parme* que les avantages des traités antérieurs auront lieu pour nous ; Par Conséquent c'est nous mêmes qui avons reconnu par nôtre propre acte que tout a nôtre égard jusques a cette résurrection avoit été anéanti avec justice. *La cour d'Espagne* pouvoit elle rien faire de plus glorieux pour elle que de tirer de nous cet aveu & en même tems de plus sage que de nous mettre ainsi dans la nécessité ou de tout perdre sur nôtre *Commerce*, ou de nous Evertuer auprès de la *cour de Vienne* de façon que l'introduction *des Espagnols* & l'établissement *de Don Carlos* s'ensuivissent effectivement.

La France de son côté j'oue son jeu. Elle n'a pu certainement qu'applaudir aux justes Précautions que *l'Espagne* a prises en faisant dépendre nôtre sort des effets de nôtre bonne foy & de l'accomplissement de tout ce que nous avons Promis. Cette *couronne* n'avoit donc garde de s'intriguer pour détourner *l'Espagne* de consentir a une déclaration de l'espece de celle que nous avons signée *a Seville* ; Elle a vû au contraire avec Complaisance *l'Espagne* prendre d'aussi bonnes mesures pour n'être pas une seconde fois nôtre Dupe. Elle ne verra pas avec moins de satisfaction *Don Carlos* mis réellement en possession de *l'état de Parme* & *les Espagnols* introduits dans les Places fortes *de Toscane* ; & l'on peut avancer, sans craindre d'en trop dire, qu'elle attend cet événement apparemment avec autant d'impatience que *l'Espagne* même. Mais il y a plus pour *la France*, elle trouve encore son compte particulier a la situation ou la met nôtre conduite a son égard sur tout ce que les Engagements de nos traités communs avec cette *Couronne* & les *Hollandois* avoient de génant & d'onéreux pour elle ; Ainsi en nous laissant faire elle a gagné par nôtre infidelité une Liberté qu'elle ne sera plus apparemment d'humeur a perdre.

Quant a la cour de *Vienne*, elle sentoit bien qu'il faudroit qu'elle
finit

finit par accorder ce qu'on exigeoit d'elle; mais elle avoit un grand intérêt a le faire pluſtôt par un *traité particulier* avec nous qu'avec tous les *alliés* de *Seville* enſemble. Ce qu'elle eut fait en commun avec eux tous auroit affermi l'alliance qui lui étoit redoutable; elle la diſſipoit par un *traité* a part. Dans la facheuſe néceſſité ou elle ſe voyoit d'en venir a l'éxécution ſur l'établiſſement de *Don Carlos*, ce qui lui convenoit ſurtout étoit de d'atacher de *l'alliance* les *Puiſſances* maritimes; elle ſéparoit par là nos interêts de ceux *de l'Eſpagne* & *de la France*. Comme ces *deux Couronnes* ſe croiront ſans doute fort diſpenſées de prendre part a ce qu'on nous accorde pas un *traité particulier*, l'*Empereur* le fera de même d'avoir a l'avenir a compter avec elles ſur ce qu'il nous promet. En même tems nous nous trouverons naturellement exclus de tout ce que la nouvelle face que va donner aux affaires l'arrivée *de Don Carlos* & des *Espagnols en Italie* pourra faire mettre ſur le Tapis entre les trois premieres *Puiſſances de l'Europe*, *l'empereur*, *la France & l'espagne*. Au contraire en demeurant fermes dans l'alliance, ſi nous n'y avions pas tenu le premier rang, nous y aurions au moins conſervé la ſeconde place, & tout ce que nous aurions obtenu pour nous & pour nos amis *les Hollandois* continuoit a faire cauſe commune avec ce que l'on accordoit *a l'Espagne*. Voilà ce que *la cour de Vienne* avoit un interêt capital d'empêcher. c'eſt là l'avantage qu'elle a eu véritablement en vûe, mais qu'elle a ſçu nous couvrir de l'Empreſſement qu'elle a affecté pour nôtre Garantie particuliere de ſa Pragmatique, quoiqu'elle en connût toute l'inſuffiſance.

Venons a nous, nous aurions autant gagné a garder la fidelité a nos alliés que nous avons perdu a nous en écarter. Il eſt aiſé de juger que l'*Empereur* n'auroit pas fini par en moins faire pour échapper a un Plan ſolide, *de Guerre générale* bien concerté entre tous les alliés *de Seville* qui auroit menacé tous ſes états a la fois, que pour l'avantage de nous engager dans un *traité ſéparé*. Nous en euſſions donc été quittes pour le Plan. c'étoit le cas pour nous, qui aimons tant ce qui n'eſt que démonſtration, d'en faire une ſalutaire & qui nous auroit epargné les Embarras que nous nous ſommes préparés. Que devons nous attendre maintenant de là conduite con-

trai-

traire ? Je fuppofe que tout ce que nous avons promis *a l'Espagne*
s'éffectuera, (et ou en ferions nous s'il en étoit autrement ?) qu'a-
vant l'expiration du terme fixé *les Espagnols* feront dans les Places
fortes de *Toscane* & *Don Carlos* en pleine poffeffion des *états de Par-*
me ; qu'arrivera t'il alors ? le voicy : *l'Espagne* ne croira pas plus devoir ce fuccés a nôtre bonne foy qu'a nôtre zéle pour fes intérêts ;
elle le regardera & avec raifon, comme un fruit de la déclaration
du Marquis de Caftellar & *de l'état* forcé ou elle nous a mis enfuite
par la déclaration du 6. Juin dernier de furmonter d'une façon ou
d'autre tous les obftacles du côté de la *cour de Vienne.* Elle croira
encore le devoir *a la France,* dont la judicieufe réfiftance la détourna
enfin l'annéé derniére de précipiter les chofes par une Rupture
prématurée *en Italie,* comme cette *Couronne* le voûloit alors & comme nous l'y pouffion*s*. Ce n'eft pas tout. *Don Carlos* une fois établi en *Italie,* *l'Espagne* ne nous regardera pas affurément comme la
Puiffance a portée & capable de le maintenir dans les états dont
nous aurons contribué a le mettre en poffeffion. Je veux que *l'Es-*
pagne fe pique alors de fidélité pour nous & qu'elle nous rétabliffe
dans la jouiffance des *Priviléges* & avantages de commerce, que la
déclaration *du Marquis de Caftelar* avoit anéantis, ce fera toujours
de ces fidélités ftériles réfervées pour ceux de qui on n'a plus rien a
attendre ; Dailleurs tout ce que cette fidélité nous vaudra nous le
tiendrons *de l'Espagne* d'une maniere Précaire avec le danger encore de voir anéantir de nouveau au premier mécontentement de cette
Couronne les mêmes chofes qu'elle nous aura rendu*es*, & cela fans
qu'il nous refte perfonne a qui avoir recours pour s'intereffer dans
nôtre querelle. Nous aurons indifpofé *la cour de Vienne* dans le
point le plus fenfible par la fignature précipitée de nôtre déclaration avec *l'Espagne* & par l'efpece de violence qu'il nous aura fallu
faire enfuite *a l'Empereur* pour affectuer nos promeffes. Ce fera cependant a la bonne foy *de la cour impériale* ainfi néceffairement ulcè-
rée contre nous que nous nous trouverons livrés fur tous les avantages particüliers dont l'appat nous a tentès, & *la France,* qui feule
pourroit être nôtre reffource dans les cas que l'on peut facilement
imaginer, non feulement fe Verra difpenfée de compatir a nos em-
bar-

barras, mais ſe croira même engagée a en rire pour ne dire rien de plus. Qüe dites vous, *Monſieur*, de cette ſituation ou nous nous ſom-mes mis de gaïetè de cœur, & ou chaque evenement, lors même qu'il a l'air d'un ſucces de plus pour nous & que nous en triomphons, eſt un nouveau pas que nous faſſons dans l'abisme. Dèſabuſès vous, *Monſieur*, dáttribuer la peine que les *Hollandois* ont a ſe dèterminer entièrement a autre choſe qu'a lèmbarras ou ils ſe trouvent, non tant encore pour un peu plus ou un peu moins ſur les conditions de leur acceſſion, que parcequ'ils apperçoivent, ſans même en excep-ter ceux d'entr'eux qu'une ancienne dèfèrence pour nous avoit da-bord ſ'eduits, que nous ſommes de mauvais conduĉteurs. Quoi-que ce ſoit un peu après coup & qu'ils ſoient aujourd'hui bien avan-cès pour pouvoir reculer, ils reconnoiſſent le danger qu'il y a á nous prendre pour guides & voudroient bien être encore a tems de choi-ſir une meilleure route que celle ou nous les menons. Voilà, *Mon-ſieur*, ce qui les arrête Principalement. Jugès a prèſent ſi j'ai eu tort en qualifiant d'imprudente la conduite de nos Miniſtres, & ſi je n'auroîs pas pu me ſervir de quelque terme plus fort encore.

J'ávois cru, *Monſieur*, avois ramaſſè de quoi vous convain-cre de vôtre injuſtice pour notre *Miniſtère*. Me voilà de Nouveau Confondu.

www.ingramcontent.com/pod-product-compliance
Lightning Source LLC
Chambersburg PA
CBHW061808040426
42447CB00011B/2543